Diary Of A Love That Never Was

A Journey Through Unspoken Longings

Dr. Khushi Agarwal

BookLeaf Publishing

India | USA | UK

Made with ❤ on the BookLeaf Publishing Platform
www.bookleafpub.in
www.bookleafpub.com

Dedication

To the love I've never met,
to the moments that never happened,
to the presence I still pray to—
this is for every heartbeat that turned into a poem.
Whether imagined, divine, or lost in silence
you live in every line I write.

Preface

Diary of a Love That Never Was

This book isn't about someone I lost.
It's about a love I've never found in the world—
but have always carried within.

A divine ache.
A soulful longing.
The kind of love that doesn't ask for a name,
or a face—just a feeling.

Some of these words came to me in English,
others whispered in Hindi.
Because true love speaks in many tongues—
and often without words at all.

These poems aren't stories of what happened.
They're pages from a heart that dreams, prays, and
surrenders.
To the idea of love. To the hope of it.
To the unseen, eternal connection we all carry.

Read them however you like—
from the middle, from the end,

or not at all.

Because real love doesn't need to be understood.
It only needs to be felt.

— A hopeless romantic in love with the divine

Acknowledgements

With folded hands and a heart full of devotion, I bow to Shree Krishna and Radha Rani—eternal symbols of divine love.

In their dance of souls, they taught the world that true love transcends time, form, and even union itself.

Where Radha's devotion becomes prayer and Krishna's smile becomes grace, love ceases to be a mere feeling—it becomes the path.

To them, who whispered the secrets of surrender and soulful connection in the language of the heart, I offer this humble creation.

May their eternal leela inspire every word on these pages and every breath that gave it life.

ख़ुद से तुम तक

ख़याल में जो तुम्हारी तस्वीर है बनी
गहराई से सोच के उनको अल्फ़ाज़ करुंगी
तुम्हारी आँखों से जो पढ़ा है मैंने
सफ़र उनका पलकों से पन्नों तक करुंगी

हाथ पकड़ने तक के ख्वाब हैं मेरे
पर इस बार सिर्फ़ नज़र मिला कर रखुंगी
तुमसे मिलना तो फिर भी ख़्वाहिश ही है
फ़िलहाल तुम्हारी गलियों से गुज़र कर देखुंगी

अब वो लफ़्ज़ कहाँ से लाऊँ जो सिर्फ़ तुम्हें सुनाई दे
तो सोचा है इस बार इज़हार लिख के करुंगी
अब मैं इस क़लम से झूठ तो क्या ही लिखूँ
बस इसलिए तुम्हें मेरा नहीं, सिर्फ़ ख़ुद को तुम्हारा लिखुंगी

इन काग़ज़ों में ज़िक्र सिर्फ़ तेरा ही होगा
शायरी तेरी होगी, पर नाम नहीं लिखुंगी
ये भी बताओ कैसी नाइंसाफ़ी है
पन्ने मेरे, पर इनसे बातें सिर्फ़ तुम्हारी कहुंगी

हल्की बारिश और ठंडा मौसम भी है आज
चलो अकेले ही सही, दो प्याली चाय ज़रूर पियुंगी
अगर कह भी दूँ तुम्हें साथ बैठने को मेरे
फिर भी बातें तो मैं ख़ामोशी से ही करुंगी

हाँ माना हर महफ़िल जो सजेगी
उसमें ज़िक्र तुम्हारा भी करुंगी
पर तुम्हारी कमी तो तुम्हीं से पूरी होगी ना
तुम्हारी यादें, तुम्हारी बातों का क्या करुंगी

अब हर दिन गुज़ार भी लुंगी अपनी किताबों के संग
पर रात में तुम्हारा मलाल भी करुंगी
काश तुम यूँ बस कह दो एक बार
फिर मैं भी इश्क़ की कहानी बेमिसाल लिख दूंगी

The Hardest Thing I Never Said

There are oceans inside of me,
Full of words I let drift silently.
Moments I swallowed, deep and slow,
Because I never learned to let them go.

I miss you in the quiet's hold—
Like silence after a song grows cold.
In nights that taste of memory's trace,
Your absence fills the empty space.

There are things I never let spill,
Not because they meant too little—but too much still.
To speak them would have torn apart
A fragile thing inside my heart.

Like—
"I needed you."
Or
"I'm not okay."

Or
"Please, don't ever walk away."

But the hardest truth I never said
Still echoes loud inside my head:
"I still carry you," endlessly—
"In every version that survived of me."

"वो कॉलेज वाले दिन"

ना नींद की चिंता, ना क्लास की फ़िक्र,
हर दिन था मस्ती, हर रात की थी पिक्चर।
कभी कैंटीन, कभी छत पर मिलना,
दोस्तों के संग बस हँसते-हँसते खिलना।

सुबह की चाय थी रात का बहाना,
बिना बात के भी होता था ताना-बाना।
बर्थडे का मतलब था पूरा हंगामा,
केक से ज़्यादा चलता था चिल्ल-पों ड्रामा।

गिटार की धुन पर छत पर गाना,
और हँसी में सब ग़मों को बहाना।
इम्तिहानों की रातों में भी पार्टी थी चालू,
"कल देखेंगे यार" – ये था बस हाल यूँ!

ना पास की चिंता, ना फ्यूचर का डर,
हर रोज़ लगता था जैसे मिल गया हो घर।
आज भी जब यादें दस्तक देती हैं दर,
दिल कहता है — काश रुक जाता वहीं पर।

राधा का श्याम

मुरली की धुन में बसी एक पुकार,
राधा को हर पल था जिसका इंतज़ार।
ना वचन था, ना कोई बंधन,
फिर भी प्रेम था सबसे गूढ़, सबसे सच्चा अनबूझा संगम।

श्याम की आँखों में बसी थी राधा,
और राधा की साँसों में था बसा श्याम।
ये प्रेम ना पास था, ना दूर,
फिर भी हर पल, हर श्वास में था भरपूर।

वो मिलन जो देह से नहीं हुआ,
पर आत्मा से हर जन्म में जुड़ा रहा।
विरह भी पूजन बन गया,
राधा का नाम कृष्ण की पहचान बन गया।

ना शृंगार, ना श्रृंखला,
फिर भी राधा थी उसकी सबसे प्रिय लीला।
क्योंकि राधा का प्रेम था निष्कलंक,
और कृष्ण की लीला उसमें पूर्ण, पूर्णतः संकल्प।

अब मैं तेरे रास्ते नहीं

इस बार जो तू रूठा,
मैं मनाने नहीं आऊँगा।
मुझे फ़िक्र है तेरी या नहीं,
अब तुझे समझाने नहीं आऊँगा।

तेरी आँखों में चाहे इंतज़ार रो पड़े,
मैं फिर भी लौटकर नहीं आऊँगा।
जा, अब तू आज़ाद है,
मैं सताने नहीं आऊँगा।

अपने क़दम अब कहीं और ले जाना,
क्योंकि मैं तेरे पास अब नहीं आऊँगा।
लगा ले दिल कहीं और,
अब मैं इसे चुराने नहीं आऊँगा।

जो भी करना, अब सम्भल कर करना,
मैं अब सहारा देने नहीं आऊँगा।
थोड़ी तकलीफ़ तू भी झेल ले,
अब मैं जवाब देने नहीं आऊँगा।

तू अब चाहे कितने भी आँसू बहा ले,
मैं बहलाने नहीं आऊँगा।
जाग ले कितनी भी रातें,
मैं सुलाने नहीं आऊँगा।

तूने कह दिया कि चले जाओ—
अब तुझसे कभी दिल लगाने नहीं आऊँगा।
तू इसे पागलपन कहे या दीवानगी,
अब मैं होश में नहीं आऊँगा।

जिन मौसमों से तुझे मोहब्बत थी,
मैं भी उन्हीं की तरह बदल जाऊँगा।
जा, तुझे तेरे हाल पर छोड़ा—
अब मैं तेरे रास्ते नहीं आऊँगा।

बेकरार, पर बेख़बर

ज़रा नज़र उठाकर देखो, बैठे हैं हम यहीं।
ज़रा नज़दीकियाँ बढ़ाकर देखो, इतने दूर भी नहीं।
बेख़बर हो मेरी नज़रों से, पर इरादों से तो नहीं।
माना बेक़रार हूँ मैं, पर बेफिकर तुम भी नहीं।
इतना तो जानते हैं, नाराज़गी बहाना नहीं।
बेशुमार न सही, प्यार तो तुम्हें भी है कहीं।
डर किस बात का है, बेख़ौफ़ तो दुनिया भी नहीं।
सचाई से वाकिफ़ हो, पर क़बूल करोगे नहीं।

Unread goodbyes!

We met like summer meets the sea—
so sudden, soft, so endlessly.
Your eyes held tales I longed to trace,
and I, naive, gave them a place.

You spoke as if forever knew
each breath you took, each word was true.
I trusted not your voice, but why—
because I needed truth, not lie.

Then came the shift—no fight, no cry.
Texts turned to echoes, cold and dry.
Calls became prayers lost in the air,
no anger, just a vacant stare.

I scrolled back to our first sweet line,
searching for clues I missed in time.
But how to find what hides so well—
a ghost who wore love's mask to dwell?

And now I grieve one still alive,
who once made my name feel like drive.
It's strange how someone's soft goodbye
can leave your soul too numb to cry.

Funny how forever dies—
not with storms, but unread goodbyes.

इश्क़ के इशारे – तुम ना सही , क्या तुम्हारा "हाँ" मिलेगा?

एक शिकायत है तुमसे, जो पलकों पे रुक गई,
क्या तेरा एक मुस्कुराता सा जवाब मिलेगा?

ज़ाहिर शायद कर भी न पाऊँ,
इशारों को समझने का इनाम मिलेगा?

दिल की बात है जनाब, दिमाग़ का कोई काम नहीं,
दिल से सुनकर, दिल का जवाब मिलेगा?

समय से भी वक़्त माँगकर लाया हूँ,
तेरी शाम में क्या इंतज़ार मिलेगा?

कोशिश पूरी करेंगे तेरी सुबह तक,
शायद अगली शाम इकरार मिलेगा?

इशारे हम भी समझते हैं,
इशारों में ही क्या पैग़ाम मिलेगा?

काश... थोड़ा और समझते

तेरी मुस्कान के पीछे का दर्द ना समझ पाए हम,
तेरी ख़ामोशी के पीछे छुपे लफ़्ज़ ना पढ़ पाए हम।
है ये दुनिया ख़ुदगर्ज़, अंदाज़ा है हमें,
चेहरे की हँसी के पीछे, आँखों की नमी ना देख पाए हम।

यादों की कमी नहीं थी तुझसे जुड़े रहने में,
पर फिर भी ये दिल ना जाने कैसे पढ़ पाए हम।
ज़ुबां से तुमने कभी कहा नहीं,
और छुपी हुई बातों को कभी समझ ना पाए हम।

प्यार तुझसे किया तो सही,
पर शायद निभा ना पाए हम।
ग़लती हमसे भी तो हुई,
तेरी हँसी को क्यों ख़ुशी समझ बैठे हम।

जिसने खुलकर हँसना सिखाया, जीना सिखाया,
उसकी ज़िंदगी ना जी पाए हम।
तू चला गया ख़ामोशी के साथ,
काश तुम्हें थोड़ा ज़्यादा समझ पाते हम।

Where Silence Speaks

We chase answers in books and broken skies,
In whispered prayers and hidden cries.
But truth—she waits in silent halls,
In mirror-glimpses and tear-stained walls.

We're not just made of start or end,
But echoes bent and hearts that bend.
Of roads we took and those we missed,
Of memories held in every twist.

The soul does not shout—it softly sings,
Of haunted nights and fragile wings.
The wise don't speak just to be heard,
They hold their peace, and free the word.

We are not storms, nor stars above,
But fleeting sparks that ache for love.
And in the stillness, if you stay—
You'll find the truth you gave away.

"तुम हो पर कह नहीं पाए"

उसने कहा आज की ज़िंदगी इतनी भी ग़मभरी नहीं,
बस कोई ख़ास कह दे – "तुम बहुत याद आ रहे हो।"
किसी को दिल में बसा कर रखो और वो कहे –
"धड़कन में समा रहे हो।"

जब उसकी आँखों में आँसू आएं,
और वो तुम्हें देख कर मुस्कुरा रहे हो,
कहीं दोस्तों की छेड़खानियों के बीच,
वो तुम्हारे नाम से शर्मा रहे हो।

तुम नज़रें चुराओ ताकि कोई भूल न जाए,
पर नज़रे मिलते ही दुनिया भूल जा रहे हो।
कोई पुकारे नाम उसका और तुम,
अपनी धड़कनें सुना रहे हो।

ख़ामोशी से बैठे हो उसके क़रीब,
पर ख़ुद की तेज़ साँसों से ही घबरा रहे हो।

एक दिन बस गले से लगा ले वो,
उस दिन का बेसब्री से इंतज़ार कर रहे हो।

कितना मासूम हो सकता है इश्क़,
क्या तुम ये समझ रहे हो?

अगर अब भी हिम्मत नहीं की जनाब तुमने,
तो समझ लो – हमेशा के लिए उसे दूर कर रहे हो।

तुम्हारे फ़ैसले , मेरा टूटना

ख़फ़ा तुम भी थे और हम भी थे,
पर जुदा होने की ज़िद तो तुम्हारी थी ना?
चोट तुम्हें भी लगी थी और मुझे भी,
पर फिर से घाव देने की बात तो तुम्हारी थी ना?

मान लेते हैं तुम्हें प्यार ज़्यादा था और मुझे कम,
पर छोड़ जाने की सलाह तो तुम्हारी थी ना?
सोचा जाने देती हूँ इस बार, लौट आएगा जो अपना है,
पर ग़ैरों की तरह चले जाने की बात भी तुम्हारी थी ना?

अच्छा चलो, तुम सही, मैं ग़लत,
पर न मानने की ज़िद तो तुम्हारी थी ना?
दिल तुम्हारा साफ़, मेरा ना भी सही,
पर मुझे बिखरा छोड़ खुद में उलझन तुम्हारी थी ना?

तुम्हारी जिद समझदारी, मेरी जिद बचपना,
पर इस दिल से खेलने की आदत तो तुम्हारी थी ना?
आवारगी से नाता तो नहीं था तुम्हारा,
पर घर न चलने की ज़िद तुम्हारी थी ना?

मैंने कहा था हर रिश्ता सिर्फ़ मुझसे रखना,
पर नफ़रत रखने की सोच तुम्हारी थी ना?
हमने तो दिल लगाने के हज़ार बहाने दिए,
पर दूसरों से दिललगी हमेशा तुम्हारी थी ना?

"कभी हम भी साथ थे"

एक दिन हम सब बिछड़ जाएंगे,
हमारे शहर बदल जाएंगे।
आज जो पूरा दिन साथ बिताते हैं,
शायद एक पल बिताने को तरस जाएंगे।

अधूरा साथ नहीं है ये,
ना सफर अधूरा है,
बस कुछ मंज़िल की तलाश में,
अलग राह भटक जाएंगे।

पर ये दोस्त और दोस्तों के साथ बिताए पल,
ज़ेहन में अपना घर कर जाएंगे।
समय के साथ सब अलग जीना सीख जाएंगे,
पर तुम्हारे साथ की कमी को
हम चाह कर भी भूल नहीं पाएंगे।

I Won't Shrink

I won't shrink to fit your fragile peace,
Won't dim my fire so you feel ease.
I wasn't born to play it small—
I rise, I blaze, I break the wall.

I'm not your softness—I'm your storm,
Unruly, raw, in every form.
My voice won't ask to be let in;
It thunders through the quiet din.

My truth does not arrive in hush—
It strikes like lightning, fierce and lush.
I wear my scars like royal thread,
My past—my armor, not my dread.

I don't exist for your applause,
I breathe by self-made sacred laws.
You don't have to like my flame—
I burn with love that won't be tamed.

This world may fear me or adore,
But I'll be silenced nevermore.

"वो यार पुराने"

वो बातें जो अब साँसों में बस जाते हैं,
वो चेहरे जो हर ख्वाब में मुस्काते हैं।
वो हँसी जो बेंचों पर छूट गई थी,
अब दिल के कोनों में गूंजते जाते हैं।

वो कैंटीन की चाय, वो बातों के दौर,
वो 'कल पढ़ेंगे' वाला मीठा सा शोर।
वो नोट्स जो आधे अधूरे थे सबके,
अब यादों के पन्नों पे सजते हैं गौर।

वो क्लास से बाहर का छोटा सा गेट,
जहाँ मिलती थी हर दिन की डेट।
वो रूठना, मनाना, फिर हँस के मिलना,
अब सब लगता है जैसे कोई पुराने कैसेट की टेप।

ना अब वो ग्रुप है, ना वो शोर है,
हर कोई अब अपने सफ़र में घोर है।
पर दिल के किसी कोने में अब भी,
वो यार पुराने सबसे ज़्यादा दिल के ओर हैं।

"छीन लिया जिसने मेरा जहाँ"

चाहा जिसे ख़ुदा की तरह,
टूटा वहीं पे मेरा गुमाँ।
जिसे समझा था अपना नसीब,
निकला वो बस एक इम्तिहाँ।

हर रात उसे माँगती रही,
हर सुबह उसे याद करती रही।
जो मेरी रूह में बस गया था,
उसी से हर रोज़ मैं डरती रही।

दुआओं में था वो नाम लिखा,
पर मुक़द्दर ने कुछ और ही लिखा।
ईश्वर ने खींच ली वो डोर,
जिससे मेरा दिल जुड़ा था कहीं और।

अब समझ आया, क्यों वो गया,
क्यों हर सपना अधूरा रह गया।
वो मेरी राहत नहीं, मेरी ठोकर था,

जिसे वक्त रहते खुदा ने कह दिया—"बस अब बहुत हुआ।"

अब नहीं रोती, अब शुक्र करती हूँ,
जिसे खोया, उसी से खुद को पायी हूँ।
जिसे समझा था सब कुछ कभी,
उसे खोकर चैन और सुकून पायी हूँ!

ख़ामोशी का लफ़्ज़

तुम्हारी एक झलक ही काफी थी
जिनसे कभी उभर ना पाए हम
आसमान की गहराई हो जितनी
उतने फासलों से पास है हम

तेरी तारीफ़ लिखूं भी तो क्या
कितने पन्नों का नुक़सान करें हम
आँखों से कभी पढ़ के देख
लग जाएँगे सौ साल भी कम

इस लिबास में वो जहाँ है तू
जिसकी दुआ रोज़ करें हम
तू मेरी ख़ामोशी का वो लफ़्ज़ है
जिसे शब्दकोश में ढूंढें हम

काफ़ी नहीं था क्या तुझसे दिल लगाना
कि अब रूह भी है तेरी ग़ुलाम हरदम
इन आँखों में कभी ना खोना
भुलाया भी जाए तो लगे कम

दोस्तों की महफ़िल में ज़िक्र तुम्हारा हो
शराब ना पिएं पर नशा तुम्हारा हो
दिल का ख़ौफ़ है जनाब इश्क़ से
मोहब्बत करके कहीं हार ना जाए हम

ज़माने से तो कई दफ़ा सुना होगा
लो आज इज़हार करते हैं हम
क़िस्मत का लिखा तो पता नहीं
पर वादा है,
तुम नहीं तो इस दिल के नहीं हम।

"Who Wants Perfect , When I Want Us"

Who wants a grand ending?
I'd rather have you-teasing me endlessly,
stealing kisses all morning .

Who wants to move on?
I want to move with you unafraid -
step by step , come storm or sun ,
through every season ,Till Life is done .

Who cares what broke me long ago ?
If the reward is you, i'd let it go .
I'd trade my pride ,forgive the pain-
just to feel your arms again.

Who wants a goodbye,
when I dream of a lifelong hello—
wrapped in a hug so tight neither of us wants to let go?

Who needs a love that's neat and clean ?

Give me chaos , wild and seen -
The fire ,the flaws ,the late night cries ,
And still the choice to not say goodbye.

Who wants logic when I crave your madness?
The kind where we dance through joy and sadness.
Where we lose our way but never us,
Built on trust, not just on "must."

Let the world change, twist, and spin—
I'll hold your hand through thick and thin.
Who needs a genius when I adore
A heart that laughs, and feels, and soars?

Who wants perfect? I want real.
Ridiculous love, the kind we feel
When we laugh at nothing, cry mid-smile—
And choose each other every mile.

Who needs fame or polished success
When I can have us, in all our mess?
So one day, silver streaks in our hair,
We'll look back, and we'll still be there.

Who needs forever etched in stone?
I want a vow that's daily shown—
Whatever comes, come what may,

We stay.
Together.
Every day.

"ख़्वाबों में तुम"

कभी हमारे सपनों में आकर देखो,
तुम्हें तुम नज़र आओगे।
ज़रा हमारी ख़ुशी का कारण जानकर देखो,
तुम्हारी हँसी की वजह पाओगे।

कभी इस दिल की तलाशी लेकर देखो,
खज़ाने में वफ़ा ले जाओगे।
हमारे लम्हों का हिसाब रख कर देखो,
हर लम्हे में सिर्फ़ तुम छाओगे।

तुम हमें पहचान कर तो देखो,
हम में ख़ुद को जान जाओगे।
एक पल पास आकर देखो,
ख़ुद का एहसास कर पाओगे।

आज इस साथ को निभा कर देखो,
शायद एक हमसफ़र पा जाओगे।
बस एक बार वादा कर के देखो,
उम्र भर का साथ पाओगे।

To My Chaos Whisperer

You walk in like a storm I never asked for—
Loud, relentless, impossible to ignore.
But somehow, you always leave me
Softer than before.

You call me out when no one dares,
I call you names—
But behind each one are whispered prayers
That you never leave.

You're the only one who makes me cry,
Not from pain—
But because you see the parts of me
I hide, even from my own eye.

You read my silences like poetry,
Feel the ache behind "I'm fine,"
And show up—not with questions,
Just presence, every time.

Yes, sometimes you're a little bitch (and proudly so),
But damn—
You're my little bitch, you know?
The one who stayed.

The one who tames my storms
Without asking me to shrink or change form.

We're not bound by blood,
But by something far messier,
More sacred—
A friendship stitched through madness,

Midnight calls,
And laughter that heals
Where no one else even sees the fall.

So here's to you—
The calm in my chaos,
The punchline in my sadness,
And the only soul–
You, Harsh —
Who's never needed a reason to understand